Fedor Jagor

Ostindisches Handwerk und Gewerbe

Mit Rücksicht auf den europäischen Arbeitsmarkt

Fedor Jagor

Ostindisches Handwerk und Gewerbe
Mit Rücksicht auf den europäischen Arbeitsmarkt

ISBN/EAN: 9783743450752

Hergestellt in Europa, USA, Kanada, Australien, Japan

Cover: Foto ©Suzi / pixelio.de

Manufactured and distributed by brebook publishing software
(www.brebook.com)

Fedor Jagor

Ostindisches Handwerk und Gewerbe

Ostindisches

Handwerk und Gewerbe

mit Rücksicht auf den

europäischen Arbeitsmarkt

von

F. Jagor.

Berlin.

Verlag von Julius Springer.

1878.

Indem der Verfasser auf wiederholtes Verlangen diesen im Dezember 1877, im Berliner Handwerker-Verein gehaltenen Vortrag durch den Druck veröffentlicht, fügt er einige neue Daten bei, welche die zunehmende Wichtigkeit der besprochenen Verhältnisse zeigen.

F. J.

Einer meiner Freunde hat Ihnen nach seiner Rückkehr von Philadelphia den grossen Aufschwung der nordamerikanischen Industrie sammt den ihn bedingenden Ursachen und die Gefahr geschildert, welche dem deutschen Gewerbe durch diesen Nebenbuhler auf dem Weltmarkte droht. Noch deutlicher aber, als in den östlichen Staaten der Union, die bereits ihr hundertjähriges Jubiläum gefeiert haben, sind jene Ursachen in den neu aufsprossenden Territorien des fernen Westens erkennbar; es sind dieselben, welche die überraschend schnelle staatliche Entwickelung jener Länder bewirken und ihr ein originelles, spezifisch amerikanisches Gepräge aufdrücken. Auch glaube ich das, was ich Ihnen über die gewerblichen Verhältnisse in Indien zu sagen beabsichtige, nicht besser einleiten zu können, als durch einen Hinblick auf das Wesen und die Intensität der menschlichen Arbeit in Californien, wo ich selbst vor Zeiten Gelegenheit hatte, sie zu beobachten.

Jenes Land, noch heute vor 30 Jahren eine der unbekanntesten, schwer erreichbarsten Einöden, ist jetzt ein blühender Staat, dessen Ruf die Welt erfüllt, dessen Goldproduktion nicht nur den Handel aller zivilisirten Völker neu belebt, sondern auch deren Haushalt und soziale Zustände tief beeinflusst hat.

Ohne auf Einzelnes einzugehen, will ich nur erwähnen, dass die Californier Kanäle, Wasserleitungen und Strassen gebaut haben, deren Länge Tausende von Meilen beträgt. Sie haben den Lauf von Flüssen verlegt, die Bodenkonfiguration ganzer Distrikte umgestaltet, indem sie die Erdmassen ausgedehnter Hügellandschaften in das Meer schwemmten, um sich durch klug ersonnene, gewaltig wirkende Vorrichtungen die feinsten darin enthaltenen Goldstäubchen anzueignen. Aus allen Ländern haben sie das beste Getreide, das beste Obst, das beste Vieh bei sich eingeführt und heute treten sie als Obst- und Viehzüchter, als Acker- und Weinbauer und auch schon als Fabrikanten mit Erzeugnissen ersten Ranges auf, die bis in die entlegensten Märkte dringen. Alle diese erstaunlichen Dinge hat eine Bevölkerung vollbracht, deren Gesammtzahl bis vor wenigen Jahren nicht die Hälfte der Volksmenge Berlins, weniger als eine halbe Million betrug.

Freilich mögen vielleicht auch nie in gleichem Maasse alle die Umstände zusammengewirkt haben, die den Menschen befähigen und antreiben, mit Anspannung aller seiner geistigen und körperlichen Kräfte rastlos gewaltige Arbeit zu verrichten. Die Einwanderer bestanden in den ersten Jahren nur aus unternehmenden Männern in der Fülle ihrer Kraft, auserlesen aus allen Ländern, ohne Greise, ohne Weiber, ohne Kinder; das Land, obgleich äusserst fruchtbar, bot ihnen zunächst nichts als Gold fertig dar, alles Andere musste geschaffen werden, da auf hundert Meilen kein zivilisirter Nachbar wohnte, dessen Produkte man eintauschen konnte. Alles Schaffen brachte grossen Gewinn. Keine Polizeivorschriften, keine Standesvorurtheile, keine Familien-, keine gesellschaftlichen Rücksichten, weder Autoritätsglaube noch Rutine hemmten die menschliche Thatkraft. Jede Arbeit ohne Unterschied war lohnend und ehrenvoll. Allen schwebte die durch zahlreiche Beispiele bewiesene Möglichkeit vor, schnell

Vermögen zu erwerben, die Bahn war völlig frei und Jedem
offen. So entstand ein allgemeines rücksichtsloses Wettlaufen
nach den grossen Preisen, die dem zu Theil wurden, der
das Ziel erreichte. Das Billigste im Lande war das Gold,
das Theuerste die menschliche Muskelkraft; man sann daher
fortwährend darauf, sie durch Arbeitstheilung und Kooperation
auf das Ausgiebigste zu verwerthen, durch die vollkommensten
Werkzeuge und zweckmässigsten Methoden zu unterstützen,
oder durch mechanische Mittel zu ersetzen. Die Maschine
wurde zu Leistungen gezwungen, die man ihr zuzumuthen
in Europa nicht leicht auf den Einfall kommen würde. Einfache Arbeiter verbanden sich zu grossen Unternehmungen
und führten sie durch, obgleich sie mitunter das benöthigte
Kapital mit 3 pCt. monatlich verzinsen mussten. Auf solche
Weise wurde die Produktion schnell gesteigert, und die Her-
stellungskosten verringerten sich so bedeutend, dass Gegenstände, die sonst nur Wenigen erreichbar gewesen wären,
der grossen Masse zugänglich wurden. Dieses Arbeiten,
nicht für den Einzelnen, sondern für die Massen, ist ein
eigenthümlicher Zug der amerikanischen Industrie, wesentlich mitbedingt durch die allgemeine Gleichheit. Jeder Einzelne ist gewohnt, sich nur als einen Theil der grossen
Masse zu fühlen, keine persönlichen Vorrechte zu bean-
spruchen. Daraus entwickelt sich ein System, das man kurz
als Omnibus-System bezeichnen könnte. In den Riesen-
hotels, in den Verkehrsanstalten, in allen amerikanischen
Einrichtungen mehr oder weniger erkennbar, tritt es am deut-
lichsten und oft sehr grell in den neuesten Niederlassungen
auf, wo dienende Klassen gar nicht vorhanden sind.

Vielleicht die Mehrzahl der zu Wohlstand gelangten
Einwanderer hatte in ihrem alten Vaterlande in drückenden
Verhältnissen gelebt, ohne Aussicht ihre Lage erheblich ver-

bessern zu können. Die neue Heimat bietet ihnen in Fülle, was sie bisher so schmerzlich entbehrten; daher die grosse Liebe zu derselben, das feste Vertrauen in ihre Zukunft und die Bereitwilligkeit, erworbenes Kapital in grossen, gemeinnützigen, die Hülfsquellen des Landes erschliessenden Unternebmungen zu verwerthen; daher die grossartige Entwickelung der Verkehrsmittel zu Wasser und zu Lande.

Dieselben Eigenschaften, welche den Amerikaner zu einem so erfolgreichen Kolonisator machen, Intelligenz, Unternehmungsgeist, Freiheit von althergebrachten Gewohnheiten und Vorurtheilen, sind es auch, welche die Ueberlegenheit des amerikanischen Gewerbes in manchen Richtungen bedingen*).

* * *

*) In einem ungemein beachtenswerthen Vortrage über den relativen Werth englischer und ausländischer Arbeit, gehalten in London am 21. Jan. dieses Jahres zeigt Herr Brassey M. P., dass es den Amerikanern gelungen ist, die Engländer in ihren eigenen Kolonien zu schlagen. Die Lokomotivenbauer von Pennsylvanien haben nicht nur alle südamerikanischen Bahnen mit Maschinen versorgt, sondern sogar Australien. Eher hätte man es von den Deutschen oder Belgiern erwarten sollen, die über verhältnissmässig billige Arbeit verfügen; umgekehrt: — das Land, in welchem die Löhne bis vor Kurzem eine in der alten Welt unerhörte Höhe erreichten, hat die Engländer verdrängt. Das mechanische Geschick des intelligenten, unternehmenden Amerikaners, der seinen Scharfsinn auf das Aeusserste anstrengt, um Arbeit sparende Maschinen zur höchsten Vollkommenheit zu bringen, der Fleiss und die Tüchtigkeit des Arbeiters, der für den höheren Lohn auch länger und rüstiger arbeitet, als mancher englische, haben gesiegt. Andererseits zieht Herr Brassey den Schluss, dass seine Landsleute uns an Leistungsfähigkeit übertreffen. Als Beispiel führt er eine Baumwollenspinnerei in Lancashire und eine in Sachsen an. Jene zahlt jährlich an Löhnen zur Bedienung von 64,000 Spindeln: £ 8,800, diese £ 12,000. Sind diese Angaben richtig, so übertrifft die Leistung des englischen Arbeiters die des deutschen um mehr als ein Drittel.

Wandern wir in einer indischen Stadt durch den Bazar, so sehen wir zu beiden Seiten der Strasse in engen, armseligen, offenen Werkstätten die verschiedenen Handwerker, am Boden hockend, in stiller, emsiger, geduldiger Arbeit begriffen. Bei manchen Gewerben helfen auch Frauen und junge Kinder. Jeder regt nicht nur die fleissigen Hände, sondern häufig auch die Füsse, die früh gelernt haben das Werk der Hände zu unterstützen. Gänzlich unvorbereitetes Rohmaterial verwandelt sich unter unseren Augen durch die unvollkommensten Werkzeuge nach uralten Methoden, denen alle wissenschaftlichen Verbesserungen der Neuzeit fremd geblieben sind, nur durch vollendete Geschicklichkeit der Hände in die zierlichsten Geräthschaften. Nicht weniger als die Meisterschaft, mit welcher der indische Handwerker seinen Stoff beherrscht, setzt uns der Preis in Erstaunen, den er für seine Leistung beansprucht.

Gern möchten wir eine grössere Anzahl jener hübschen, überraschend billigen Gegenstände kaufen, es sind aber keine Vorräthe vorhanden; selbst das gerade in Arbeit befindliche Stück wird wahrscheinlich auf Bestellung gemacht.

Es ist nicht meine Absicht, hier auf eine Beschreibung einzelner Handwerke einzugehn, zur Erhärtung des eben Gesagten wird es genügen, ein paar Beispiele anzuführen. In der indischen Abtheilung des Berliner ethnographischen Museums ist eine Anzahl schöner, silberner Geschmeide ausgestellt; nicht eines derselben kostet mehr als 25 pCt. Arbeitslohn. In dem Delhi-Schranke z. B. befindet sich ein Stirnband, ein wirkliches Kunstwerk, aus etwa achthundert einzelnen Stücken bestehend, es hat ein Gewicht von 12 Markstücken und kostet 15 Mark. Der Künstler hat also für seine Arbeit einen Thaler erhalten.

Unter den ausgestellten Drechslerarbeiten ist eine Reihe

zierlicher Büchsen, jede mit Falz und Deckel, die grösseren schön lackirt, die kleineren gefärbt. 19 solcher Büchsen, ineinander geschachtelt, stecken in einer zwanzigsten, die etwa 4 cm. Höhe und 3 cm. im Durchmesser haben mag. Die kleinste aber ist bedeutend kleiner als ein Stecknadelknopf. Diese Büchsen habe ich aus rohen, nicht einmal von der Rinde befreiten Baumästen anfertigen sehen. Jede einzelne der lackirten Büchsen verlangt 23 verschiedene Manipulationen, die nicht fabrikmässig, sondern hinter einander an ihr vorgenommen werden. Der ganze Satz von 20 Büchsen kostet etwas weniger als 40 Pfennige.

Was aber das indische Handwerk in kunstgewerblicher Beziehung zu leisten vermag, wird Keinem entgangen sein, der Gelegenheit gehabt hat, auf den Weltausstellungen die Pracht-Stoffe, -Geräthe und -Geschmeide zu betrachten, die für indische Fürsten und Grosse auf Bestellung, oder von Künstlern in ihrem Solde angefertigt wurden. Denn von jeher sind viele der geschicktesten Künstler nur in dieser Weise beschäftigt worden; sie durften für keinen andern arbeiten; ihre technischen Manipulationen gingen als Familiengeheimnisse vom Vater auf den Sohn über, so dass manche derselben sich wie dünne Fäden durch Jahrhunderte ziehen, ohne dem Publikum zu Gute zu kommen. Mehr als eine interessante Technik ist auf diese Weise gänzlich verloren gegangen.

Man kann wohl sagen, dass sich uns Europäern das indische Kunsthandwerk zum ersten Male in würdiger Weise auf der Londoner Weltausstellung 1851 offenbarte, und ich möchte Ihnen einige darauf bezügliche Stellen aus dem amtlichen Berichte des Herrn Redgrave, einer der ersten Autoritäten Englands, (abgekürzt) mittheilen.

„Von der Betrachtung der englischen Gold- und Silber-

Arbeiten empfängt man den Eindruck, als habe der Fabrikant sich bemüht, die grösstmögliche Menge Metall mit der geringstmöglichen Menge Kunst zu liefern. Einen bemerkenswerthen Gegensatz hiermit bilden die aus Indien gesandten Gold- und Silber-Geschmeide; die sich durch vollendete Technik auszeichnen. Mit meisterhaftem Verständniss für die Behandlung der Oberfläche sehen wir bei ihnen das Emailliren, Tauschiren, Durchbrechen, Inkrustiren zur Anwendung gebracht, und zwar so, dass auf die geringstmögliche Menge Metall die grösstmögliche Menge vollendet geschickter Handarbeit kommt ... Auch bei ihren weniger feinen Arbeiten, z. B. den mit Silber inkrustirten Gefässen aus Zinklegirung, gewahren wir immer eine ansprechende Rücksichtnahme auf die Schönheit der Form im Ganzen und eine eben so mannigfaltige als reizende Anordnung der ornamentalen Einzelheiten ... Besonders müssen wir die geschmackvolle Vertheilung der Verzierung, das Gefühl für das richtige Maass hervorheben. Selten enthält eine Borte zu viel oder zu wenig Ornament, selten ist ein geblümtes Muster zu voll oder zu leer, zu gross oder zu winzig. Und diese treffliche Kunst finden wir nicht nur bei kostbaren Gegenständen angewendet, dieselben richtigen Grundsätze kommen bei den allerbilligsten zum Ausdruck. Bei uns zwingt der schnelle Wechsel der Moden den Fabrikanten, immer etwas Neues, noch nicht Dagewesenes zu bringen; kein Wunder, wenn die Neuheiten häufig Ungeheuerlichkeiten sind. In Indien sucht man nicht fortwährend Neues zu erfinden, sondern das Vorhandene zu vervollkommnen, zu verschönern ... Dieselben Regeln, nach welchen vor Jahrhunderten gearbeitet wurde, haben sich auf den Arbeiter der Gegenwart vererbt und befähigen ihn, wie seine Urahnen, die künstlerische Wirkung zu erzielen, die sich in den schönen, farbenprächtigen Stoffen und andern kunstgewerblichen Leistungen zeigt." In ähnlicher Weise urteilen die Berichterstatter anderer Länder bei Gelegenheit späterer Ausstellungen.

Trotz dieser trefflichen Eigenschaften ist es den indischen Gewerbserzeugnissen nicht gelungen, sich in Europa Eingang zu verschaffen; ihre Einfuhr hat sogar bedeutend abgenommen. Noch zu Anfang des vorigen Jahrhunderts standen die indischen Baumwollenwebereien und -Färbereien in voller Blüthe, ihre Erzeugnisse wurden in solcher Menge nach England gesandt und mit Recht allen andern vorgezogen, dass die einheimische Wollen-Industrie dadurch erheblich geschädigt wurde. Heut empfängt Indien aus England seine bedruckten Kattune, welche zwar viel schlechter, aber auch viel billiger sind, als die einheimischen, die von Menschenhand gesponnen, gewebt und mit Mustern verziert werden. Wie wenig die indische Baumwollen-Industrie sich jetzt mit der englischen messen kann, zeigt deutlich der Umstand, dass Indien seit dem amerikanischen Kriege einen erheblichen Theil seiner rohen Baumwolle nach Manchester sendet, um sie zum Theil wenigstens in Form von Stoffen von dort zurückzuerhalten. Es hat sich auch hier wiederum gezeigt, dass die rastlos fleissige Hand, mit unvollkommenen Werkzeugen, nach alten Methoden arbeitend, selbst bei noch so geringen Lohnansprüchen den Wettkampf nicht bestehen kann gegen Maschinenfabrikate, die das Ergebniss der Assoziation von Kapital und Wissenschaft sind.

Wie geht es aber zu, dass Indien, welches bereits eine hohe Kulturstufe erreicht hatte und eine glänzende Industrie besass zu einer Zeit, als der grösste Theil Europas noch in Barbarei versunken war, in Bezug auf Wissenschaft, Kapital und Unternehmungsgeist so sehr zurückgeblieben ist?

Versuchen wir uns die Ursache klar zu machen, so

werden wir kaum umhin können, sie gesellschaftlichen Einrichtungen beizumessen, die den geraden Gegensatz zu denjenigen bilden, welchen wir das schnelle Aufblühen der amerikanischen Gewerbe zugeschrieben haben.

Indien, im Osten, Süden und Westen vom Meer, im Norden vom höchsten Gebirgswalle der Welt begrenzt, bildet ein in sich abgeschlossenes Gebiet und wird nach der letzten Zählung von mehr als 240 Millionen Menschen bewohnt, die wir Indier nennen, obgleich ihnen selbst ein solcher, die Gesammtheit der Bevölkerung umfassender Name fehlt. Wenn Sie aber mit diesem Worte den Gedanken einer gemeinsamen Nationalität verbinden und annehmen wollten, es gäbe ein geschlossenes indisches Volk in dem Sinne des französischen, oder auch nur des deutschen, so würden Sie im Irrthum sein. Die Bevölkerung setzt sich zusammen aus unzähligen Gruppen verschiedener Volksstämme, Volksklassen, Religionen, Sekten, Clans, Brüderschaften, Gilden und Zünfte. Der Begriff einer gemeinsamen Heimat, das daraus entspringende Gefühl der Vaterlandsliebe, der Gemeinsinn ist dem Bewohner Indiens fremd, daher das Land von jeher ausländischen Eroberern so leicht zur Beute fiel. Das einzige Band, welches diese ungleichartigen Elemente in Gruppen zusammenhält, jede einzelne Gruppe aber auch wieder schroff von den andern sondert, ist die Kaste. Es giebt Tausende und aber Tausende sogenannter Kasten; Niemand kennt ihre Zahl, Niemand kann sie kennen, da der Begriff ein sehr dehnbarer ist und überdies fortwährend Kasten neu entstehen und vergehen. Die angeblich ursprüngliche Eintheilung der Hindus in vier Kasten hat heute nur noch Werth insofern, als sie zum Unterbringen der unzähligen Volkssplitter in vier grosse Haufen dient. Jeder Indier, einige wilde Stämme und religiöse Sekten ausgenommen, wird als Glied einer Kaste geboren, der seine Vorfahren vielleicht schon seit Jahrhunderten angehört haben. Jeder Akt seines täglichen Lebens ist durch strenge Vorschriften geregelt, er darf keine Speise berühren, die von Leuten niedrerer Kaste, als die seine, bereitet worden ist, daher denn auch die uns sonderbar scheinende Sitte, dass bei öffentlichen Festen sehr vornehme Kasten als Köche fungiren. Von seltenen Ausnahmen abgesehen, darf der Indier nur in seiner eigenen Kaste heiraten. Jede Uebertretung der Kastenvorschriften zieht empfindliche Strafen nach sich. Ebenso strenge sind den Handwerkerkasten die Grenzen ihrer Thätigkeit gezogen. Mit demselben Misstrauen, derselben Geringschätzung, die einer Kaste von den höheren zu Theil wird, behandelt sie die unter ihr stehenden Kasten. Zwischen solchen aber, die auf ziemlich gleicher Stufe stehen, führt das Ringen um den Vorrang nicht selten zu bitterer Feindschaft, zuweilen auch zu blutiger Fehde.

Von unseren europäischen Einrichtungen möchten die katholischen Mönchsorden wohl am meisten geeignet sein, den Begriff der indischen Kasten zu versinnlichen. Auch sie halten ihre Mitglieder durch ein eisernes Band zusammen und sondern sie von den andern Bürgern ab, alle ihre Handlungen sind durch einen Kanon geregelt, auch ihnen gelten die Interessen ihres Ordens weit mehr als die des Vaterlandes. Die Tyrannei der indischen Kaste ist aber in vielen Fällen noch härter, als die der Mönchsorden. Zum Beweise will ich Ihnen zwei Beispiele anführen.

Tulsidas, ein Kaufmann in Bombay, der Hunderttausende besitzt, gehört zur Vaisya-Kaste, liebt aber eine Frau aus der Sudra-Kaste, zu welcher der grösste Theil der Handwerker gehört. Er bekommt einen Sohn von ihr, lässt ihn vortrefflich erziehen und giebt ihm einen grossen Theil seines

Vermögens. Eine Heirat mit der Mutter macht die Kasten-Verschiedenheit unmöglich. Er möchte aber wenigstens den Sohn legitimiren, ihn in die Nayer-Kaste, die zwischen der mütterlichen und der väterlichen steht, aufnehmen lassen und wendet zur Erreichung seines Zweckes alle Mittel an, die sein grosses Vermögen und sein Einfluss ihm gestatten. Umsonst — der bisher angesehene Mann wird aus der Kaste gestossen; — selbst Glieder niedriger Kasten verschmähen es jetzt ihn zu berühren, mit ihm zu essen, Umgang mit ihm zu haben.

Herr Metz, ein Baseler Missionar, der 30 Jahre unter den Eingeborenen der Nilgiri-Berge in Süd-Indien thätig war, erzählt von den Badagas, einer Ackerbau treibenden Klasse, die, obwohl nur einige tausend Köpfe stark, in 14 Kasten zerspalten ist. Ein zur Chittre-Kaste gehörender Badaga gerieth mit Kotas in Streit (die Kotas sind eine Handwerker-Kaste, die Fleisch, sogar von gefallenen Thieren essen und daher für sehr unrein gelten); einer der Kotas berührte dabei das Sektenabzeichen, welches die höheren Badaga-Kasten an einer Schnur am Halse tragen, der Badaga fühlte sich durch diese Berührung so verunreinigt, dass er sich sofort das Leben nahm. Diese furchtbare Busse für ein wahrscheinlich unverschuldetes Vergehen genügte aber nach Ansicht seiner Kastengenossen nicht, um ihn wieder zu reinigen; denn bis heute sind seine Nachkommen nicht wieder in die Kaste aufgenommen und können nur Badagas niederer Kasten heiraten.

Ein tiefer Abgrund trennt seit Jahrtausenden die herrschenden höheren Kasten von den unteren. Alle niedrige harte Arbeit wurde von jeher diesen aufgebürdet, sie wurden in Armuth und tiefer Unterwürfigkeit gehalten. Nicht nur Berührung, selbst Annäherung über eine gewisse Entfernung veranlasst Verunreinigung, die im besten Falle nur durch religiöse Bussen und Waschungen getilgt werden kann. Jedes Emporkommen über die angeborene Kaste ist dem Indier unmöglich gemacht. Was würde es ihm nützen eifrig nach Verbesserung seiner gesellschaftlichen Stellung zu streben, da die Kaste seinem Ehrgeize die engsten Schranken zieht? Annähernd ähnliche Zustände herrschten in den nordamerikanischen Sklavenstaaten zwischen Weissen und Negern. Während aber die hochmüthigen Pflanzer der Süd-Staaten schwunghaften Handel und Ackerbau trieben und Kapital schufen, ist in Indien den oberen Kasten, die nach dem Urteil der erfahrensten englischen Beamten, dem Europäer an geistiger Befähigung in vieler Hinsicht vollkommen ebenbürtig sind, jedes bürgerliche und ländliche Gewerbe als entehrend verboten, daher mussten sie verarmen, statt vorwärts zu kommen *).

Sie vergeudeten ihre geistigen Fähigkeiten in müssigen theologischen Spekulationen, und so ging dem Lande das wirksamste Mittel des Fortschritts, die wissenschaftliche Forschung verloren, zu deren Trägern die höheren Klassen durch ihren Geist, ihre Bildung und ihre Musse berufen waren.

Das ist aber nicht Alles. An dem Marke des armen Volkes nagen Scharen von Schmarotzern der schlimmsten Art: die arbeitsscheue, hochmüthige, gewissenlose Umgebung zahlreicher kleiner regierender, oder depossedirter Fürsten, bestechliche Unterbeamte, vor allem aber ein zahlreiches Heer von Priestern, die das Volk, wie bei uns zu den schlimmsten Zeiten des Mittelalters, in abergläubischer Furcht erhalten und ausbeuten, und als eine Folge davon, eine

---

*) Für besondere Fälle der Noth sind zwar gewisse Gewerbe ohne Kasten-Verlust gestattet, sie behaften aber den Betroffenen mit einem Makel, den die Kastengenossen ihn sehr empfinden lassen.

Menge frommer Müssiggänger, welche das Land bettelnd durchziehen, sich zuweilen Selbstmartern von erfinderischer Grausamkeit auferlegen und vom Volke als Heilige geehrt und gefüttert werden.

In den angeführten Missständen ist indessen, Dank dem Bemühen der englischen Regierung, namentlich seit den letzten 20 Jahren, eine Besserung unverkennbar, herbeigeführt besonders durch zwei Mittel: den Volksunterricht und die Anlage von Strassen und Eisenbahnen, jener zwar langsam aber stetig wirkend, das Uebel an der Wurzel packend, diese von überraschend schnellem Erfolge. Zwei Ursachen aber der allgemeinen Armuth, das schnelle Wachsen der Bevölkerung und das Unwesen der Wucherer nehmen nicht ab, sie nehmen zu unter der britischen Herrschaft, die dem Volke zum ersten Male Schutz und Sicherheit der Person und des Eigenthums gegen innere und äussere Feinde gewährt, und dem Gesetze in allen Volksklassen gleiche Geltung verschafft.

Jeder Indier heiratet und heiratet ausserordentlich früh. Die Religion gebietet ihm Söhne zu zeugen. Seine Ansprüche an das Leben sind ausserordentlich gering; Sorgen über die Möglichkeit, eine Familie zu ernähren, ihr eine bessere Lebensstellung zu schaffen, kennt er nicht. Die früher in manchen Kasten sehr allgemeinen Mädchenmorde*) haben durch

---

*) Wie sehr verbreitet dies Verbrechen in manchen Kasten, besonders bei den Rajputen, war, zeigen folgende Notizen:.. Vor der englischen Herrschaft wurden Tausende unglücklicher Kinder den Flussgöttern als Opfer zugeworfen (Raikes, Notes on the N. W. Prov. 5).. Jahrhunderte hindurch haben vornehme Rajput-Familien alle ihre Töchter umgebracht .. Bei einigen Stämmen wurden die Mädchen sogleich nach der Geburt in Milch ersäuft oder durch Opium vergiftet, das die Mutter auf ihre Brustwarzen strich oder an den Gaumen des Kindes klebte (l. c. 12) .. 1856 fand der Spezial-Kommissar Moore in 26 Dörfern nicht ein Mädchen unter 6 Jahren, in

die Maasregeln der englischen Regierung sehr abgenommen, ebenso die Seuchen. Die inneren Kriege und Raubzüge, welche ehedem ganze Provinzen verheerten, haben gänzlich aufgehört — daher die schnelle Zunahme der Menschen, und da die Produktivität des Bodens nicht in gleichem Maasse steigt, die zunehmende Armuth der ländlichen Bevölkerung. Freilich könnte der Ertrag des Bodens durch verbesserte Kulturmethoden sehr gesteigert werden; ihrer Einführung widersetzen sich aber die bestehenden Verhältnisse des Grundbesitzes. Der grösste Theil des urbar gemachten Landes gilt, nach der Weise des Orients, als Eigenthum der Regierung, der Bauer (Ryot) ist nur Pächter und zahlt an die Regierung unmittelbar oder durch Mittelspersonen eine Landrente nach einem Uebereinkommen (Settlement), das höchstens auf dreissig Jahre abgeschlossen wird. Ist die Frist abgelaufen, so tritt eine neue Schätzung des Bodenwerthes ein. Es ist klar, dass der Bauer nicht geneigt sein wird, Kapital und Arbeit auf bleibende Anlagen zur Verbesserung des Bodens zu verwenden, der nicht sein eigen ist, sondern

einer andern Gruppe von 38 Dörfern gar kein Mädchen .. „in einem Theile von Benares findet man nicht nur keine Mädchen in den Häusern, es hat deren auch nie gegeben; die Heirat einer Tochter hat seit mehr als 200 Jahren nicht stattgefunden." (Strachey, Bill . . . infanticide 1870). Spez. Kommissar Unwin fand in 30 Dörfern 37 Töchter, 329 Knaben gleichen Alters, in 11 Dörfern nicht ein Mädchen (ibid.). Lutfallah fand in Kasch (Cutch) zwölftausend Jarejas, von denen nur 37 weiblichen Geschlechtes waren (Autobiogr. of Lutfullah, Tauchnitz ed. 140). Nach den Blaubüchern India Progr. & Cond. war das Verhältniss der Weiber zu den Männern in dieser Kaste 1840 auf 335 zu 4912; 1873 auf 4272 zu 8371; 1875 auf 91,39 pCt. gestiegen und finden die Todesfälle der weiblichen Kinder gegenwärtig nur noch durch Vernachlässigung nach der Geburt, nicht durch Mord statt.

periodisch einer neuen Taxe unterliegt. Auch der Umstand, dass in einem grossen Theile Indiens das Land noch gemeinschaftliches Eigenthum der Dorfschaften ist, unterstützt die Sorglosigkeit des Bauern, hemmt den Unternehmungsgeist des Einzelnen und hindert den Fortschritt des Landbaues. Was der Bauer durch den Fleiss seiner Hände der Erde mühsam abringt, genügt eben, ihn zu ernähren. Reis ist nicht, wie man in Europa glaubt, die Hauptnahrung des Volkes, er gedeiht nur an begünstigten Lokalitäten und ist für Viele ein seltner Leckerbissen. Die Mehrzahl in Süd- und Zentral-Indien muss sich mit schlechterer Kost begnügen. Jeder arbeitet, um das nackte Leben zu fristen, es wird kein Kapital erübrigt. Die geringste Störung der Verhältnisse treibt den Bauer den Wuchererkasten in das Netz, die ihm Geld zu 36 pCt. Zinsen borgen. Der Wucherer trachtet die Schuld fortlaufen zu lassen, bis sie durch Anhäufung der Zinsen solche Höhe erreicht, dass der Schuldner unfähig ist, sie abzutragen. Des letzteren Unbedachtsamkeit, sein Mangel an Willenskraft kommen jenem dabei zu Statten und ebenso das Gesetz, innerhalb dessen Wortlaut er sich verschanzt. Auf solche Weise sind in neuerer Zeit die Landbauer ganzer Distrikte in völlige Abhängigkeit gerathen, thatsächlich zu Schuldsklaven der Wucherer-Kasten geworden.

Der letzte Jahresbericht des indischen Amtes enthält eine Darstellung dieser Verhältnisse, die zugleich einen Einblick in die Eigenthümlichkeit des indischen Charakters giebt. Sie lautet abgekürzt:

. . „Die Landbauer ziehen es entschieden vor, sich an die Saukars (Wucherer) zu wenden, statt Geld von der Regierung anzunehmen. Letztere gewährt ihnen bei genügender Sicherheit Vorschüsse zu $6\frac{1}{4}$ pCt. Zinsen in einer Reihe von Jahren rückzahlbar. Diese Liberalität wird aber nur selten benutzt; — ja, als nach der Ueberschwemmung von Ahmedabad die Regierung 20,000 Mark zu zinsfreien Vorschüssen an arme Landbauer bewilligte, machte nicht Einer von dem Anerbieten Gebrauch, denn als die Geldleiher die Gefahr erkannten, dass ihre Kunden ihnen entschlüpfen möchten, gestanden sie ihnen Bedingungen zu, die sie vorher verweigert hatten. Wenige Landbauer sind aber in der Lage, ihren Geldleihern trotzen zu können..." (East India Progr. & Cond. 1877.)

So gering auch das jährlich erübrigte Kapital im Verhältniss zu der zahlreichen, fleissigen, sparsamen Bevölkerung, so beträgt es doch immerhin, für sich genommen, eine bedeutende Summe. Die Ausfuhr Indiens beläuft sich im Durchschnitt auf etwa doppelt soviel, als die Einfuhr, der Unterschied wird durch Gold und Silber ausgeglichen. In den 20 Jahren von 1858 bis 1877 führte Indien £ 267,582,677 baar ein und nur £ 28,804,567 aus, £ 238,778,110 blieben also im Lande. Aber nur ein geringer Theil davon kommt dem Verkehr zu Gute. Eine grosse Menge wird zu Geschmeiden verwendet, der Rest zum Theil vergraben oder sonst verborgen, statt zu produktiven Anlagen verwendet zu werden. Diese Sitte hat sich noch aus der Zeit vor der englischen Herrschaft erhalten, wo kein Mensch seines Eigenthums sicher war, und es muss im Laufe der Zeit eine ganz enorme Menge Kapital in dieser Weise ohne jeden Nutzen dem Verkehr entzogen, praktisch vernichtet worden sein*).

Durch die geschilderten sozialen und religiösen Verhält-

---

*) „Vor einiger Zeit wurden die alten Rupies eingefordert. 400 bis 500 Millionen waren ausgeprägt worden. Die ganze Summe der eingelieferten überstieg nicht 60 Millionen. Der Rest war entweder vergraben oder zu Geschmeiden und Geräthen verbraucht worden."   W. Russell, My Diary, 1858.

nisse wird der schon durch das Klima bedingte, angeborene
Mangel an Energie unendlich verschärft und aller Unternehmungsgeist erstickt. So finden wir denn in Indien, im Gegensatz zu Amerika, grosse Armuth, tiefe Unterwürfigkeit, blinde
Ergebung in das Schicksal, allgemeine Apathie.

Am grellsten kommen diese Eigenschaften des Volks-
charakters bei den furchtbaren Hungersnöthen zum Vorschein.
Die Menschen leben so lange die Ernten ergiebig sind, und
sterben heerdenweise bei Misswachs.

Im Jahre 1770, als die Engländer eben begonnen hatten,
den Grund zu ihrer Herrschaft in Indien zu legen, brach in
Nieder-Bengalen eine Hungersnoth aus, die vom Januar bis
zum Juni $37^{1}/_{2}$ pCt. der Gesammtbevölkerung dieser Provinz wegraffte. Auf nicht weniger als 10 Millionen schätzen
amtliche Berichte den Verlust an Menschenleben, und obgleich nun eine Reihe von Jahren grosser Fülle folgte, nahm
die Volksmenge dennoch stetig ab, denn da bei Hungersnöthen die Kinder zuerst erliegen, so war, als allmälig die
Erwachsenen starben, kein Nachwuchs vorhanden, um die
Lücken zu füllen, und 20 Jahre später musste der General-
Guvernör nach sorgfältiger Prüfung berichten, dass ein
Drittel der Ländereien der Kompanie sich in Wildnisse
voll reissender Thiere verwandelt hätte. Zwei der Haupt-
ursachen dieser grauenvollen Ereignisse, Wassermangel, wenn
die Regenmenge für den Landbau nicht ausreicht, und Strassen-
mangel, der das Zuführen von Korn in die von Missernten
betroffenen Gebiete verhindert, sind die Engländer nach
Kräften zu beseitigen bemüht. Riesengrosse Arbeiten haben
sie in den letzten zwanzig Jahren ausgeführt, ungeheure
Summen verausgabt. Wie machtlos aber der Mensch im
Kampf gegen die Elemente ist, zeigen deutlich die furchtbaren
Verheerungen, welche auch heut noch das Ausbleiben der ge-

wohnten Regen anrichtet. Nach den jüngsten Volkszählungen
haben in dem Hungerjahre 1877 folgende von der eben er-
löschenden Hungersnoth betroffene Distrikte Süd-Indiens an
Bevölkerung verloren: Salem 27 pCt., Bellary 21 pCt.,
Kurnool 27 pCt., Cuddapah 26 pCt., Nellore 21 pCt., Coim-
batore 17 pCt., Chingleput 10 pCt. In Salem z. B. ergab
die Zählung vom 14. März 1878 : 1,559,876 gegen 2,129,850
Ende 1876, also einen Verlust von 569,956 Seelen in Einem
Jahre in Einem Distrikte. Die Hungersnoth ist aber dort
noch nicht vorüber und wird es auch in einigen Monaten noch
nicht sein. In allen von der Plage freigebliebenen Distrikten
war die Volksmenge normal gestiegen. „Wir haben", bemerkt der Times-Korrespondent (Madras, 20. April 1878),
dem diese Zahlen entnommen sind, „wahrscheinlich nicht
weniger als drei Millionen Menschen von der durch die
Hungersnoth starkbetroffenen Bevölkerung von zwanzig Millionen verloren; rechnen wir aber die Sterblichkeit in Mysore
und Bombay hinzu, so wird der Gesammtverlust an Menschenleben in Süd-Indien wohl nicht viel unter sechs Millionen
betragen." Nach einem Telegramm aus Calcutta (Times,
3. Juni) ist in Süd-Dekan mehr als ein Drittel der Gesammtbevölkerung in Einem Jahre, bis Juli 1877, gestorben!

Die Zustände, die sich in Indien bis heut erhalten haben,
sind von denen des modernen Europas so durchaus ver-
schieden, gehören einer so weit hinter uns liegenden Ent-
wickelungsstufe an, dass es für einen Europäer schwer ist,
sich eine klare Vorstellung davon zu bilden. Aber selbst
die kurzen hier gegebenen Andeutungen werden Ihnen deutlich gemacht haben, dass solche Verhältnisse jede fortschritt-
liche Entwickelung hemmen mussten. Ihr Bestehen bis auf
den heutigen Tag war nur bei der bisherigen Abgeschlossen-
heit des Landes möglich. Mit dem Aufhören derselben be-

ginnt für jene Völker ein neues Zeitalter. Durch die englische Verwaltung, durch den regen Verkehr mit Europa, dringt ein neuer Geist, der europäische Geist des Fortschrittes, in die seit Jahrtausenden erstarrten Formen und bringt Veränderungen hervor, die vielleicht, wenn sie lange genug fortwirken, das ganze Wesen jener Völker umgestalten werden. Nicht Indien allein, ganz Asien kommt mehr und mehr unter europäischen Einfluss. Wie weit es Europa gelingen wird, Asien zu europäisiren und welche Rückwirkung dies auf Europa haben wird, ist heute wohl noch nicht vorauszusehen. Auf unsere gewerblichen und wirthschaftlichen Zustände aber ist eine solche Rückwirkung jetzt schon erkennbar.

Erst seit wenigen Jahrzehnten haben sich uns die Länder des fernen Ostens mit ihren alten Zivilisationen und ihren zahllosen arbeitsamen Bevölkerungen erschlossen*) und erst durch den Suez-Kanal und den Telegraphen sind sie in nahe Beziehung zu uns getreten. Diese beiden Verkehrsmittel, der Telegraph und der Suez-Kanal, haben dem indischen Handel bereits in den wenigen Jahren ihres Bestehens eine andere Gestalt gegeben. Alle grossen Geschäfte zwischen Indien und Europa werden heut durch den Telegraphen vermittelt, der oft mehrere Male in einem Tage die Nachfrage des Konsumenten und das Angebot des Produzenten austauscht. Während früher die Güter den langen Weg um das Kap nach London nahmen, um von dort aus, erheblich vertheuert durch Lagergeld, Makler- und Umladegebühren, Frachten und andere Spesen, an die Abnehmer des Kontinents zu gelangen, bestellt jetzt der Konsument des Festlandes seine Waaren direkt in Indien durch den Telegraphen;

---

*) Erst 1834 wurden die sehr strengen Verordnungen aufgehoben, die das Reisen der Europäer in Indien verboten; 1843 trat die sogenannte Ueberlandpost ins Leben.

wenige Wochen später bringen sie ihm Dampfboot und Eisenbahn vor. die Thür seines Speichers.

Welchen Einfluss der Suez-Kanal schon jetzt übt, können Sie daraus ersehen, dass bereits drei Jahre nach seiner Eröffnung, im Geschäftsjahre 1872/73 : 60 pCt. des indischen Handels mit England und Amerika diesen Weg genommen haben. Noch im Anfange dieses Jahrhunderts dauerte eine Reise oder Briefsendung nach Indien selten weniger als sechs Monate, zuweilen über ein Jahr, gegenwärtig nicht viel mehr als zwei Wochen. Indien ist uns also um das zwölffache näher gebracht worden*).

Zunächst macht sich der Einfluss dieser neuen Handelsstrasse bei dem Austausche europäischer Fabrikate und indischer Rohprodukte geltend; es kann aber wohl kaum ausbleiben, dass mit dem Zunehmen des Verkehrs und der bessern Kenntniss der Hülfsquellen des Landes auch die dort aufgespeicherte unermessliche Masse intelligenter, geschickter, gewissenhafter und beispiellos billiger Arbeitskraft zu Gunsten der europäischen Konsumenten verwerthet werde?

Unsere grossen politischen und militärischen Erfolge veranlassten ein plötzliches Aufsprudeln des nationalen Unternehmungsgeistes. Es wurden für die hastige Anlage von Eisenbahnen, Fabriken und anderen grossen Betrieben, für

---

*) Die Entfernung von Brindisi nach Bombay durch den Suez-Kanal beträgt 4380 Seemeilen, die Fahrt darf nach dem bequemen Kontrakt, den die P. & O. Kompanie ihrem mächtigen Einflusse im Parlamente verdankt, 17 Tage (10,73 Sm. per St.) dauern, dauert aber in Wirklichkeit gewöhnlich nicht viel mehr, aber auch nie weniger als 15 Tage (12,16 Sm. p. St.). Die transatlantischen Postdampfer sind kontraktlich gezwungen, die Entfernung zwischen Neu-York und Liverpool (3150 Sm.) in 10 Tagen zurückzulegen und würden mit derselben Schnelligkeit (13,16 Sm. p. St.) fahrend, für die Strecke Brindisi-Bombay nur 14 Tage gebrauchen.

Wiederherstellung der vom Kriege verzehrten Vorräthe, für den schnell gestiegenen Luxus plötzlich so übergrosse Anforderungen an die vorhandenen Arbeitskräfte gestellt, dass die Löhne eine früher unerhörte Höhe erreichten*), während zugleich die Arbeitsleistung durch Einschränkung der Arbeitszeit an Quantität, und durch Verwendung vieler sehr unvollkommen ausgebildeter Leute an Qualität abnahm.

Das durch lange Jahre des Fleisses und der Sparsamkeit geschaffene und angesammelte Kapital ist in jenen Unternehmungen, von denen nur wenige die gehofften Erträge geben, aufgezehrt, theils auch in geradezu sinnlosen oder betrügerischen Spekulationen vergeudet worden. Milliarden sind in dieser Weise verloren gegangen, der Konsument besitzt heute nicht mehr die Mittel zu kaufen wie ehedem, gleichzeitig ist die Produktion durch Steigerung der Löhne bei verminderter Leistung bedeutend vertheuert worden. Daher die nun schon fünf Jahre dauernde Krisis, die schwerlich anders als durch einen allmäligen Ausgleich jener beiden Missverhältnisse zu überwinden ist.

Der Konsument will gut und billig kaufen; wer ihm dazu verhilft, darf auf hohe Prämien rechnen; — kann man zweifeln, dass die in Indien, in Japan und mehr noch in China fast brachliegende Arbeitskraft, durch europäisches Kapital und europäische Wissenschaft befruchtet, für den europäischen Markt in Anspruch genommen werden wird?

. *) Nach Dr. de Leeuw (Zeitschrift für Schweizerische Statistik) sind in Deutschland von 1867 bis 1870 die Löhne für Feilenschmiede um 60 bis 100 pCt., für Feilenhauer um 90 pCt. und mehr gestiegen. In anderen Gewerken betrug die Steigerung 25 bis 50 pCt., dennoch überstiegen nach dem gleichlautenden Zeugniss der Arbeitgeber die 1872 und später wirklich erhaltenen Löhne kaum die vor 1867 verdienten. Der Unterschied ging in Trägheit und Verschwendung auf.

Als die Löhne in Californien eine unerschwingliche Höhe erreicht hatten, drangen trotz allen Widerstandes der weissen Arbeiter, Tausende von Chinesen ein, deren billiges, fleissiges, gewissenhaftes Schaffen wieder normale Zustände auf dem Arbeitsmarkte herbeiführte, ihre weissen Nebenbuhler aber zu Wuthausbrüchen trieb, die bereits mehrere Male das Gemeinwesen in die äusserste Gefahr brachten. Ich werde darauf zurückkommen. Alle Fabriken Californiens werden nur mit Chinesen betrieben, und auch viele andere Gewerbszweige sind gänzlich in ihren Händen. Der westliche Theil der Pacific-Bahn ist von chinesischen Arbeitern gebaut worden, die am 28. April 1869 die fast unglaublich klingende Leistung, in 11 Arbeitsstunden 10 englische Meilen Eisenbahn fertig zu stellen, vollbracht haben.

Eine Einwanderung indischer Arbeiter nach Europa ist aus vielen Gründen sehr unwahrscheinlich, aber auch ohne auszuwandern, können sie unseren Arbeitsmarkt wesentlich beeinflussen. Der unermüdliche Fleiss des indischen Handwerkers, seine ruhigen, leidenschaftlosen Gewohnheiten, seine Enthaltsamkeit von berauschenden Getränken, seine einfache Kost, das feine Gefühl seiner Hände (man könnte sagen seiner Hände und Füsse), und der Umstand, dass er von Geburt an sich nur in den Grenzen seiner Zunft bewegt, von frühester Jugend an mit allen ihren Uebungen vertraut ist, vielleicht sogar in Folge der Fortpflanzung durch viele Generationen, erblich gewordenes Geschick für besondere Leistungen besitzt, diese und viele andere weniger deutlich hervortretende Ursachen wirken zusammen, um ihn zu einem der geschicktesten Handarbeiter der Welt zu machen.

Unsere auf Massenproduktion gerichtete Art der Arbeitstheilung bringt es mit sich, dass der Arbeiter nicht ein Ganzes, sondern nur einen kleinen Theil des Ganzen schafft.

Der künstlerische oder wissenschaftliche Theil des Werkes ist von einem Zeichner oder Techniker geliefert, die Leistung des Arbeiters beschränkt sich oft darauf, der Maschine zu helfen, ohne sich um den Zusammenhang des Ganzen zu kümmern. Die Freude am Schaffen, der Stolz auf seinen Beruf bleiben ihm fremd. Kein Wunder, wenn sein ganzes Trachten darauf gerichtet ist, seinen Tagelohn möglichst leicht zu verdienen, d. h. für geringe Leistung hohen Lohn zu erhalten. Auch bei denjenigen Handwerken, wo die Maschine wenig oder gar nicht zur Anwendung kommt, wirkt die Arbeit nach Stückzahl in ähnlicher Richtung. Eine natürliche Folge dieser Zustände ist, dass bei uns die Kunst im Handwerke mehr und mehr verloren geht und dass besonders in den Gewerben, die grosses Handgeschick, Geduld, Gewissenhaftigkeit oder Geschmack in der Ausführung verlangen, oder auf künstlerischer Technik beruhen, gute Arbeiter immer seltner werden. Alles was uns in dieser Hinsicht mangelt, besitzt Indien in unerschöpflicher Fülle und zu den einladendsten Preisen.

Europa übertrifft Indien an Kapital, Wissenschaft und Unternehmungsgeist; Indien übertrifft Europa - an billiger, geschickter Arbeitskraft und darin, dass viele der zu verarbeitenden Stoffe: Baumwolle, Jute und andere, Landeserzeugnisse sind. Es scheint aber viel leichter die erstgenannten Erfordernisse, nämlich Kapital und die Ergebnisse der Wissenschaft, d. h. Maschinen und wissenschaftliche Methoden von Europa nach Indien, als die Vorzüge Indiens, billige Arbeiter und Rohstoffe, von Indien nach Europa zu schaffen. In Indien beträgt der unter Eingeborenen übliche Zinsfuss 12 bis 36 pCt.; in England ist es nicht immer leicht, Geld zu 4 pCt. sicher anzulegen. Man darf daher wohl annehmen, dass ein Theil des dort angesammelten und durch die häufig wiederkehrenden Arbeitseinstellungen und sozialistischen Drohungen geängstigten und gefährdeten Kapitals nach Indien abfliessen wird, das sich jetzt endlich, nach Jahrhunderte langen inneren Kriegen und Unruhen, gesicherter Zustände unter einer aufgeklärten, Bildung und Fortschritt fördernden Regierung erfreut. Sehr beträchtliche Summen englischen Geldes sind übrigens bereits in indischen Eisenbahnen angelegt worden, wobei allerdings die Regierung 5 pCt. Zinsen garantirt. Auch die mit jedem Jahre steigende Kaffee-, Thee- und Indigo-Produktion wird mit europäischem Gelde betrieben; aber auch der indische Unternehmungsgeist erwacht bereits und lockt indisches Kapital aus seinem Versteck hervor.

Ich erwähnte vorher, dass Indien seit dem amerikanischen Kriege einen grossen Theil seiner Baumwolle nach England sendet, um sie in Form von Stoffen zurückzuerhalten. Diese Thatsache scheint einen denkwürdigen Wendepunkt zu bezeichnen. Bis jetzt nämlich erzeugt Indien nur sogenannte kurzstapelige Baumwolle, die der langstapeligen amerikanischen nicht gleichkommt. Im amerikanischen Kriege versiegte die Bezugsquelle der letzteren und Indien wurde zu einer ausserordentlichen Produktion für den englischen Markt veranlasst, die nach dem Frieden dort keinen günstigen Absatz mehr fand und die Anlage grosser Fabriken im Lande selbst hervorrief*).

Vor 20 Jahren besass ganz Indien nur 3 Baumwollenspinnereien, heute soll deren Zahl allein auf der kleinen

---

*) Im Jahre 1865 erreichte der Werth der indischen Baumwollenausfuhr die schwindelhafte Höhe von mehr als £ 37,000,000, heute beträgt sie etwas weniger als £ 12,000,000; das produzirte Quantum ist aber fast dasselbe geblieben, nur der Werth ist gefallen. (Forbes Watson.)

Insel Bombay 50 übersteigen; 10 sind neuerdings in Guzerat, mehrere in Madras und in den Zentral-Provinzen entstanden, sämmtlich mit indischem Kapital gegründet und Tausende inländischer Arbeiter beschäftigend*). Sie beschränken sich bis jetzt auf gröbere Garne und Stoffe und. haben die englischen Fabrikate dieser Klasse nicht nur vom indischen Markte verdrängt, sie machen ihnen auch die Einfuhr in China, Japan, Russland und Amerika streitig, wo man sie ihrer grösseren Haltbarkeit wegen den englischen Stoffen vorzieht**).

---

*) 1874 betrug die Zahl der Spindeln in Indien 593,000; 1877: 1,231,00. (Economist 9. Febr. 1878.)

**) Schon im Herbste 1873 (Bombay Gazette 29. Nov.) erklärte die Bombay-Handelskammer, dass die Einfuhr von Manchester-Schnitt-waaren in Folge der lange geleugneten, endlich offen eingestandenen Unehrlichkeit im Handel, dem gänzlichen Untergang geweiht sei. Nicht der geringe Einfuhrzoll (damals 7¼, jetzt nur 5 pCt.) sei die Ursache, dass grobe englische Stoffe (coarse cloth, longcloth, Tcloth, domestics) durch einheimische Waare vom Markte verdrängt worden, sondern die nichtswürdige Verfälschung der Waaren. „Wie wird es, fragt der Redaktör, in 10 oder 20 Jahren stehen? Manchester mag keine indische Baumwolle spinnen, wenn es amerikanische bekommen kann; — dann werden wir unsere ganze Ernte behalten."

Aus China berichten die englischen Zollinspektoren (Reports on Trade at the Treaty-Ports in China, Shanghai 1877): In dem Maasse, als das von der Revolution verwüstete Land angebaut wird, kommt das Handgespinnst der Frauen wieder zur Geltung; einheimische Gewebe werden bald wieder auf den früheren Preis, wahrscheinlich (in Folge der vermehrten Baumwollenproduktion) noch tiefer sinken. Nur die Aermsten, die das theurere aber viel preiswürdigere einheimische Zeug nicht zahlen können, und die Reichen, die das feinere wenig haltbare Zeug vorziehen, werden ausländische Stoffe kaufen. . . Zur Bevorzugung der einheimischen Stoffe hat die massenhafte Waarenverfälschung der Manchester-Fabrikanten wesentlich beigetragen.

Der Agitation in England liegt wohl auch die Befürch-
tung zu Grunde, dass es Indien durch verbesserte Kulturmethoden gelingen könne, eine zu den feineren Sorten von
Maschinenfabrikaten erforderliche langstapelige Baumwolle zu
erzeugen*), und wenn man erwägt, durch welche grossartige

Wie sehr die „Baumwollenfrage" die englischen Fabrikanten
beunruhigt, zeigt die steigende Agitation der letzteren. „Manchester and India" ist bereits zu einem stehenden Artikel in den
englischen Blättern geworden. Am 14. Februar verlangte eine Deputation der bedeutendsten Baumwollenspinner Lancashire's vom
Staats-Sekretär für Indien (vertreten durch Lord Hamilton), dass die
indischen Baumwollenstoffe mit 5 pCt..besteuert würden, nicht nur
damit die englische Baumwollen-Industrie mit den indischen Fabrikaten
auf den einheimischen Märkten konkurriren könne, sondern auch,
wie sie freimüthig gestanden, um letztere von den chinesischen und
japanischen Märkten zu verdrängen.
Wir waren gewohnt Manchester als die feste Burg des Frei-
handels zu betrachten, und jetzt sehen wir es als Schutzzöllner auftreten. Indiens Ausfuhrhandel soll beschränkt werden, weil er Lancashire belästigt. — Es ist wohl nur ein Rückfall; in Indien wird
den englischen Fabrikanten vorgeworfen: „Ihr habt Eure Baumwollenspinnereien auf den Ruinen der unsrigen errichtet, indem Ihr
50 Jahre hindurch unsere Manufakturen mit Zöllen von 100 und
200 pCt. belastetet, um die Eurigen zu beschützen." (Robt Knight,
Manchester und India. Calcutta 1876, p. 7.)
Am 8. März entsandte die Handelskammer von Manchester eine
Deputation an Lord Salisbury und erklärte: „den Absatz grober
Stoffe nach Indien haben wir bereits verloren; Lord Northbrook
hob 1875 den Ausfuhrzoll von 3 pCt. in Indien auf und jetzt können
die Manufakturen von Bombay mit denen von Lancashire auf den
Märkten von China, Japan und anderen Ländern konkurriren." Die
Zahl der Spindeln in Indien hat sich im vergangenen Jahre mehr
als verdoppelt."
*) Die indische Regierung wendet grosse Summen auf Versuche,
die inländische Baumwolle zu verbessern und neue Sorten einzuführen. . Im Dharwar-Distrikt (Bombay) ist der Anbau der ameri-

Entfaltung der Produktion Indien die Nachfrage nach Waaren
beantwortet hat, die noch vor zwei Jahrzehnten keinen Han-
delsartikel bildeten oder dem Lande völlig fremd waren, so
begreift man wohl die Furcht des englischen Fabrikanten,
dass sein bester Kunde sich in einen Rivalen verwandle.
Ich will hier einige Beispiele anführen:

1850 wurden im Himalaya die ersten Versuche mit Thee
gemacht, zehn Jahre später betrug die Theeausfuhr nicht
über $1\frac{1}{2}$ Millionen Pfd., 1875 aber erzeugte Indien bereits
soviel Thee, als Grossbritanien 1840 verbrauchte. Das Rollen
der Blätter geschieht in sehr vielen Fabriken bereits mit Dampf-
kraft, da die Pflanzungen meist in schwachbevölkerten Berg-
distrikten liegen.

Im Jahre 1862 wurden die ersten Cinchonapflanzen von
Peru nach Indien gebracht. Heute wachsen Millionen Cin-
chonabäume in Sikkim und im Nilgiri-Gebirge und liefern
Fieberrinden, die reicher an Chinin sind, als die Bäume in
ihrer amerikanischen Heimat.

1828 sandte Bengalen 18 Tonnen Jute-Faser im Werthe
von £ 62 nach England, im Jahre 1872/73 war der Werth
der Ausfuhr in Folge verbesserter Bereitung und der Anwendung von Maschinen auf £ 4,142,547 gestiegen. Das
Bedeutsame aber ist, dass die Landbauer von Bengalen
diese grossartige Industrie binnen 45 Jahren ohne irgend
welche Aufmunterung oder Unterstützung Seitens der Regierung geschaffen haben. Es bestehen grosse Anstalten mit
Dampfbetrieb, um die Faser unter europäischer Aufsicht in
Indien zu spinnen und zu weben. In der Fabrik zu Bar-
nagpore bei Calcutta z. B. arbeiten 4700 Eingeborene unter

kanischen Baumwolle vollständig gelungen. An andern Orten sind
durch Kreuzungen und sorgfältige Auswahl der Samen gute Ergebnisse erzielt worden.　　　　　(India Progr. & Cond. 1872/73. 37.)

17 europäischen Aufsehern. Neue Fabriken sind im Werden*). In Bombay sind grosse Seidenwebereien und Maschinenpapierfabriken entstanden. Auch mehrere andere Gewerbszweige benutzen schon gegenwärtig das Geschick des indischen Arbeiters zu Gunsten des europäischen Marktes. In einigen Gefängnissen z. B. werden Teppiche gewebt, die an Ort und Stelle 16 Mark die Elle gelten, in London aber, wegen ihrer grossen Schönheit, zu 60 Mark die Elle verkauft werden. Auf mehrere Jahre hinaus haben einige Londoner Firmen alle Teppiche, die in dieser Weise geliefert werden können, mit Beschlag belegt, und doch werden sie fast ohne Ausnahme von Leuten angefertigt, welche erst im Gefängniss dieses Gewerbe erlernen. Auch in Bengalen sind neuerdings zahlreiche Fabriken entstanden, die Tausenden fleissiger Hände Beschäftigung geben.

Die Ostindische Kompanie hatte ursprünglich, als Handelsgesellschaft, nur die Erzielung hoher Erträge aus der Land-

---

*) Markham (Ind. Prog. & Cond. 1872/73) hebt hervor, dass die Jute-Faser von Bengalen den Walfischfang der Baffins-Bay wieder wachgerufen hat. Dundee hat sich der Jute-Fabrikation in Grossbritanien fast allein bemächtigt, es verbraucht dazu die Hauptmasse des vorhandenen Walfischthranes, sodass die tropische Faser und der arktische Thran sich in seinem Hafen begegnen. Die Handelskammer von Dundee hat die Aussendung einer arktischen Expedition zur Aufsuchung neuer Gebiete von Thranthieren beantragt. Nach Mittheilungen des Herrn General-Konsuls Wehner bestehen in und um Calcutta mehr als zehn grosse Jute-Webereien, die ihren Garnbedarf selbst spinnen und 1877: 96 Millionen Säcke geliefert haben, davon etwa 30 M. für den durch die Hungersnoth veranlassten grossen Reistransport. Nach dem Wegfall dieses Mehrbedarfes wird voraussichtlich die Ueberproduktion nach Europa gehn und Dundee empfindliche Konkurrenz machen. Auf den Märkten der südlichen Hemisphäre verdrängen schon jetzt die indischen Jute-Fabrikate allmälig die schottischen, ebenso in Californien.

rente für ihre Aktionäre im Auge. Die englischen Fabrikanten ihrerseits waren bemüht, die indischen Gewerbserzeugnisse durch ihre Maschinenfabrikate zu verdrängen. Beide Bestrebungen führten dazu, die gewerbliche Thätigkeit Indiens zu vermindern und den Landbau zur Haupterwerbsquelle der Bevölkerung zu machen. Das häufige Auftreten von Hungersnöthen hat aber jetzt die Regierung zu der Ansicht geführt, dass diese Katastrophen nicht allein durch periodischen Regenmangel, sondern auch wohl durch die übermässig gesteigerten Anforderungen an die Ertragsfähigkeit des Bodens zur Ernährung der schnell wachsenden Bevölkerung veranlasst werden. In der neuesten Zeit wird daher die gewerbliche Thätigkeit in Indien nicht mehr, wie ehedem, behindert, sondern von der Regierung nach Kräften gefördert, um den Ackerbau einigermaassen zu entlasten und die Steuerquellen für die immer wachsenden Ansprüche des Fiscus zu vermehren.

Erst vor 5 Jahren hat die Regierung eine grössere systematische Durchforschung des Landes nach Kohlen- und Eisenerzlagerstätten begonnen, und bereits ist in zwei Distrikten das Vorhandensein aller Erfordernisse zur Entwickelung der grossartigsten Eisenindustrie festgestellt worden. Das Wardha Thal in den Zentral-Provinzen wird als eine der reichsten Eisenerzlagerstätten der Welt geschildert, und Kohle ist in ebenso grosser Fülle dort vorhanden. Fabriken von Bessemer Stahl, wofür die Erze vorzüglich geeignet sein sollen, sind bereits in Aussicht genommen und man rechnet darauf, ihn billiger herstellen zu können als in England. Die Lokalität liegt im Herzen Indiens und steht durch Eisenbahnen mit allen Theilen des Landes in Verbindung.

Der zweite Distrikt, Raneegunge, ist in der Nähe von Calcutta gelegen. Nach dem Bericht des Regierungs-Inspektors giebt es vielleicht in der ganzen Welt kein Kohlengebiet von gleicher Ausdehnung, welches an Mächtigkeit der Schichten sich mit diesem messen kann*). Bereits sind 60 Dampfmaschinen zur Kohlenförderung in Thätigkeit. Nicht minder reich sollen in Raneegunge die Eisenerzlager sein.

Ausgedehnte Eisenerzlager von vorzüglicher Güte sind an vielen Stellen der indischen Halbinsel vorhanden. Im Salem-Distrikte tritt der Magneteisenstein in meilenlangen Lagern von 50 bis 100 Fuss Mächtigkeit auf. Ein vier Miles langer Berg daselbst enthält fünf 20 bis 50 Fuss mächtige Lager magnetischen Eisens, die rings um den Berg laufen. Ein Berg in Lohara, fast 2 Mls. lang und $\frac{1}{2}$ Ml. breit, besteht anscheinend ganz aus reinem Eisenglanz und Magneteisen, den besten aller Eisenerze, und kann 300,000 bis 500,000 Tonnen Eisen durch Tagebau liefern. Auch bei diesen Lokalitäten befinden sich Kohlen und Kalk in der Nähe.

Der Flächenraum, in welchem das Vorhandensein von Kohlenlagern angenommen werden darf, beträgt 35000 engl. ☐Mls., ist also der 5te im Range und folgt auf Nord-Amerika, China, Australien, Russland. Einige Lager sind von riesiger Mächtigkeit (100, 120, sogar 160'). Die bis jetzt gewonnene Kohle ist aber äusserst blätterig und von grossem Aschengehalt, selten weniger als 10 pCt.

1874 wurde in Calcutta das erste ökonomische Museum gegründet, heut sind 53 solcher Museen allein in Bengalen vorhanden, die statistisches Material und Proben aller lokalen Produkte sammeln und austauschen, ihre Ver-

---

*) Der Schwefelgehalt der Kohle bleibt nach sorgfältigen Analysen bedeutend unter 1 pCt. Der Prozentgehalt von 11 Proben guter englischer Kohle schwankte zwischen 0,55 und 1,82 pCt.

werthung für Gewerbe und Handel zu fördern suchen und meist von Eingeborenen geleitet werden.

So sehen wir denn sowohl im Osten wie im Westen dem europäischen Gewerbe bedenkliche Rivalen erwachsen. Besonders wird Deutschland, das an Ertragsfähigkeit des Bodens, und an Kapitalreichthum hinter England und Frankreich sehr zurücksteht, sich anstrengen müssen, um durch intelligente, geduldige, fleissige, gediegene Arbeit, durch Ausnutzung der wissenschaftlichen Errungenschaften, durch Erfindung und kluge, haushälterische Verwaltung seiner Mittel jene Mängel zu ersetzen. Durch diese alten, preussischen Eigenschaften hat unser armes Land seine Weltstellung errungen, nur durch sie kann es seinem Gewerbe eine würdige Stellung auf dem Weltmarkte sichern. Durch den Siegestaumel, der nach den letzten Kriegen an Stelle der früheren Nüchternheit getreten, sind sie zeitweise in den Hintergrund gedrängt worden. Der bereits über vier Jahre dauernde schmerzliche Genesungsprozess wird sie wieder zum Vorschein bringen. Wieviel aber mit diesen Eigenschaften geleistet werden kann, zeigt das Beispiel der kleinen Schweiz, die, mitten im Binnenlande gelegen, weder durch Klima noch Boden begünstigt, lediglich durch intelligenten Fleiss, Unternehmungsgeist und sorgfältiges Studium der fremden Märkte es dahin gebracht hat, dass sie heut in den fernsten Ländern mit den Fabrikaten der meist begünstigten Nationen nicht nur konkurrirt, sondern sogar manche wichtige Einfuhren im Orient und in Vorder- und Hinter-Indien monopolisirt.

NB. Die statistischen Angaben sind meist der Times, z. Th. amtlichen Berichten (besonders India Progress & Condition) und dem Economist entnommen.

Auszug aus den „Reports on the Philadelphia International Exhibition of 1876". Vol. II. India.

	1877.	1857.
Länge der Eisenbahnen . . .	6497 engl. Meilen	274 engl. Meilen
- - Telegraphenlinien .	16649 - -	4162 - -
Schiffsverkehr	9,887,000 Tonnen	4,549,000 Tonnen
Werth der Einfuhr (mit Einschluss edler Metalle). . .	£ 48,697,000	£ 28,608,000
Werth der Ausfuhr (mit Einschluss edler Metalle). . .	62,975,000	26,591,000
Ausfuhr und Einfuhr zusammen	111,672,000	55,191,000

Einfuhr edler Metalle von 1858 bis 1877 £ 267,582,677
Ausfuhr - - - 1858 - 1877 28,804,567
Ueberschuss der Einfuhr £ 238,778,110
fast genau 1 £ auf den Kopf der Bevölkerung.

	1877.	1857.
Werth der Ausfuhr ohne edle Metalle rund	£ 59,000,000	£ 25,000,000

Die Ausfuhr einiger alten indischen Stapelprodukte, Seide, Kashmir-Schals, Salpeter, Zucker ist z. Th. nicht gestiegen, z. Th. gesunken, Zucker z. B. von £ 1,786,000 (1857) auf £ 382,000 (1877); der Verbrauch im Lande hat aber sehr zugenommen, die Zuckerproduktion wird auf nicht weniger als £ 20,000,000 geschätzt.

Dagegen ist die Ausfuhr anderer früher kaum oder gar nicht vorhandener Produkte enorm gestiegen.

	1877.	1857.
Indigo	£ 2,963,000	1,938,000
Andre Farbstoffe, Droguen, Gewürze u. Lack	1,194,000	338,000
Reis, Weizen und andere Getreide . .	7,888,000	2,587,000
Weizen allein	1,956,000	138,000
Oel und Oelsaaten	13,560,000	3,885,000
Opium	12,405,000	7,057,000
Baumwolle	11,746,000	1,438,000
Jute	2,637,000	275,000
Kaffee	1,346,000	133,000
Thee	2,607,000	121,000

Von hervorragender Bedeutung für die deutsche Land-
wirthschaft erscheint der ausserordentliche Aufschwung des
Saaten - und Getreidehandels, dessen Ausfuhrwerth von
£ 3,885,000 im Jahre 1857 auf £ 13,560,000 für 1877 gestiegen ist, da die Eisenbahnen es jetzt möglich machen,
die voluminösen Produkte des Ackerbaues aus dem Inner-
sten des Landes an die Küstenplätze und von da auf die
europäischen Märkte zu bringen. Die grösste Zunahme im
Werthe von beinahe £ 2,000,000 zeigt der Weizen.

Diese hohe Ziffer giebt aber nur eine ungenügende Vorstellung von der Bedeutung, welche der indische Weizen
voraussichtlich in einigen Jahren für den europäischen Markt
erlangen wird. Das Getreide wächst in den nordwestlichen
Provinzen und hat, um Calcutta, seinen jetzigen Einschiffungs-
ort, zu erreichen, eine Eisenbahnfahrt von mehr als 300 deutschen Meilen zu machen. Wie wird die Ausfuhr steigen,
wenn durch Vollendung der Indus - Thal - Bahn das nordwest-
liche Indien mit seinem natürlichen Hafen Kurrachi ver-
bunden sein wird!

Nachtrag.

In den wenigen Monaten, die verflossen, seit jener Vortrag im Berliner Handwerkerverein gehalten worden ist, mehren sich in bedenklicher Weise die Anzeichen des Eindringens der Ostasiaten auf den amerikanischen und europäischen Arbeitsmarkt und ihrer unmittelbaren Betheiligung am Welthandel durch Verwerthung der Hilfsquellen ihres Landes im Wege der Gross-Industrie nach europäischem Vorbilde und durch Abdrängen der Fremdlinge, die bisher den Grosshandel zwischen Ostasien und Europa monopolisirten. Von Gewinnsucht getrieben, haben Europäer und Amerikaner jene fernen, bis vor Kurzem hermetisch verschlossenen Reiche mit Gewalt geöffnet, ihnen durch die rücksichtslosesten Mittel ihren Verkehr aufgezwungen; — leicht kann es ihnen wie Goethes Zauberlehrling ergehen.

Allem Anscheine nach müssen sich die Völker des Westens bald darauf gefasst machen, auf dem Arbeitsmarkte, im Kampfe um das Dasein, ihre Kräfte mit denen des fernen Ostens zu messen. Wie lange dieser Kampf aber friedlich, als Wettstreit des Fleisses und der Intelligenz, mit Werkzeugen statt mit andern Waffen geführt werden wird, wer vermöchte es vorauszusehen? Die Anzeichen sind nicht günstig.

In Deutschland scheint man diesen Verhältnissen bis jetzt keine Aufmerksamkeit zu schenken, sie liegen uns wohl noch fern, doch handelt es sich um kulturgeschichtliche Fragen, die nicht die Machtstellung einzelner Königreiche, sondern das Schicksal von Welttheilen, nicht ein Mehr oder Weniger politischer oder religiöser Freiheit, sondern die Existenz betreffen; wohl könnte es geschehen, dass jener Kampf einen Rassenhass entzündete, in Erbitterung ausartete und wilde Leidenschaften entfesselte, welche allen Errungenschaften unserer Kultur Gefahr drohen. In Californien scheinen solche Zustände bereits eingetreten zu sein (s. unten S. 44).

Nach einem Berichte an den Kongress (Times, 28. Febr. 1878) ist die Zahl der Chinesen am Gestade des Stillen Meeres schon auf 150,000 gestiegen und nimmt in einer Weise zu, welche die gesammte Bevölkerung aller andern Rassen zu übertreffen droht. Ihre Einwanderung zu hemmen, oder die unbequemen Gäste ganz zu vertreiben, ist jetzt das ungestüme Verlangen der bis zur Wuth gereizten weissen Arbeiter. Ein dem Kongress vorliegender Gesetzentwurf verlangt, dass jeder in einem Hafen der Vereinigten Staaten landende Chinese 250 Dollars Steuer zahle; ein anderer will die im Lande zu duldenden Chinesen auf eine bestimmte Zahl beschränken. Die „Chinesen-Frage" bereitet der amerikanischen Regierung grosse Verlegenheiten und wird ihr wahrscheinlich Gesetze abzwingen, die ihren eigensten Grundsätzen und aller Gerechtigkeit Hohn sprechen.

Erwägt man, dass die Staaten und Territorien am Stillen Meer (Californien, Oregon, Nevada, Colorado, Utah, Neu-Mexico, Washington, Idaho, Arizona, Wyoming) einen Flächenraum von 1,218,385 engl. Quadratmeilen einnehmen, dass sie unerschöpfliche Erzlager und ein Klima besitzen, in welchem alle Früchte der gemässigten und subtropischen Zone gedeihen, dass ihre Bevölkerung (1875) wenig mehr als $1\frac{1}{2}$ Millionen, kaum mehr als einen Kopf auf die engl. Quadratmeile, betrug und aus Fremdlingen besteht, die selbst

erst ganz kürzlich aus andern Ländern eingewandert sind,
während im eigentlichen China auf etwa gleichem Raume
400 Millionen Menschen, genügsam und fleissig, wie kein
anderes Volk, nur mühsam ihr Leben zu fristen vermögen,
so kann man kaum zweifeln, dass sich mit der Zeit ein
Menschenstrom von China nach Amerika ergiessen muss,
mächtiger als alle Völkerwanderungen, von denen die Welt-
geschichte berichtet. Bisher waren fast nur die verhältuiss-
mässig wohlhabenden Küstenprovinzen an der Auswanderung
betheiligt; wie wird es werden, wenn sich die Wanderlust
der dichtgedrängten Massen im Innern des Reiches bemächtigt? Nicht zu verwundern wäre es, wenn die seit drei
Jahren in den nördlichen Provinzen Chinas unter 75 Millionen
Menschen wüthende Hungersnoth den Anstoss dazu gäbe.

Diese Verhältnisse sind so neu, von so kolossalen Di-
mensionen und anscheinend so weitragend, dass es für einen
Laien in der Volkswirthschaft fast beängstigend wirkt, Schlüsse
daraus ziehen zu wollen — um so lieber theilt er einige Aus-
züge aus englischen Zeitungen mit, welche die Aufmerksamkeit ihrer Leser bereits auf diese Fragen lenken:

Nach dem letzten Berichte des englischen Konsuls in Canton ist
der Einfuhrhandel fast ganz in die Hände der Chinesen übergegangen.
In Ningpo hat sich ein Verein von chinesischen Kaufleuten gebildet, die
den Einfuhrhandel monopolisiren, indem sie allen Verkehr mit fremden
Kaufleuten oder deren chinesischen Agenten ablehnen. Aehnliche von
der Regierung unterstützte Bestrebungen werden aus andern Ver-
tragshäfen gemeldet.

Auch die Errichtung chinesischer Handelshäuser an den Haupt-
plätzen der Industrie und der Schifffahrt in Europa und Amerika ist
in Aussicht genommen. . .

Vieles deutet an, dass die Chinesen ein Schrecken der Fabrikanten von Stapelprodukten in Europa und Amerika werden können.
Seit längerer Zeit sind an verschiedenen Orten Chinas ausgedehnte

Kohlenlager unter amtlicher Aufsicht in Betrieb, ein kaiserlicher Erlass hat die Ausbeutung von Eisenerzen in der Nähe von Hankow gestattet und für befähigte ausländische Ingeniöre gesorgt... Das nächste Ziel der Chinesen geht offenbar dahin, sich von den Manchester- und Lowell-Stoffen unabhängig zu machen*). Errichten sie einmal Baumwollenspinnereien in ihrem eigenen Lande, wo Rohmaterial, Kohle und Eisen so leicht zu beschaffen, ganz abgesehen von der Ueberfülle billiger Arbeit, so ist es möglich, dass China die Hauptbezugsquelle gewebter Zeuge für die Welt werde.

Hunderttausende Chinesen sind bereits ausgezogen. In allen untergeordneten Beschäftigungen, in denen sich der Chinese mit dem weissen Arbeiter misst, trägt er gewöhnlich den Sieg davon durch geringe Lohnansprüche und geduldiges Mühen. In allen von Weissen bewohnten Ländern, Europa ausgenommen, wächst die Zahl der Chinesen, und es macht sich ein unheimliches Gefühl geltend, dass England und das Festland nicht lange mehr von ihnen verschont bleiben werden. Lohnstreitigkeiten stören bei uns das Verhältniss zwischen Fabrikanten und Arbeiter; unsere ländlichen Arbeiter wandern nach den Kolonien aus, an zuverlässigen Dienstboten ist grosser Mangel. Soll es den Chinesen überlassen werden die Lücken zu füllen? Daily Telegr. 1877.

Die unbeugsamen zähen Chinesen werden sich nicht leicht in ihren Grenzen einschliessen lassen, wenn sie einmal entschlossen sind sich auszudehnen. Ihre bedeutenden Eigenschaften sind ausschliesslich auf praktische Ziele gerichtet. In wenigen Jahren hat die kaiserliche Regierung fast alle die Provinzen wieder gewonnen, die dem Reiche durch die Empörung der Mohamedaner entrissen worden waren, und möglich ist es immerhin, dass die Chinesen mit der Zeit durch ihre blosse Ueberzahl die Russen aus Mittelasien verdrängen. (Saturday Review 1877.)

Mehr als einmal haben wir seit Kurzem angedeutet, dass englische Arbeit durch Einwanderung aus dem fernen Osten ergänzt werden könne. Schon ziehen die Chinesen in Menge nach Australien und Californien. In letzterem Staate hat die sogenannte Chinesenfrage bereits einen so kritischen Punkt erreicht, dass die Ruhe von San Francisco ernstlich bedroht ist. Auch die Japanesen zeigen

---

*) Lowell, bei Boston, das amerikanische Manchester.

zunehmende Neigung ihr Land zu verlassen, um in der ihnen so lange versagten Aussenwelt ihr Glück zu suchen. Wir haben in unserem Lande ihr Eindringen vielleicht nicht als unmittelbar bevorstehend zu fürchten, doch deuten wohlverbürgte Thatsachen an, dass vielleicht früher als wir erwarten, der europäische Arbeitsmarkt durch die Mitbewerbung von China und Japan beeinflusst werden wird. Es ist wohl möglich, dass Arbeiter vom Osten ihren Weg nach Plätzen finden, die ihnen einen guten Markt darbieten... Wir wollen nicht die Folgen einer solchen Einwanderung erörtern, es steht aber fest, dass wir nicht die Macht haben, sie zu verhindern und dass die unmittelbar betroffenen Klassen sie höchst missfällig aufnehmen werden... Die Geschichte berichtet von grossen Zügen erobernder Krieger... Wir mögen uns nicht gern vorstellen, dass sich dasselbe, wenn auch unter friedlicheren Bedingungen, wiederholen könne... Wir selbst sind aus dem Osten gekommen und müssen uns, wenn wir weit genug zurückschauen, als Fremdlinge in unserem eignen Lande betrachten... Wie, wenn andere Nationen, älter als wir, bisher aber weniger unternehmend ... uns mit unserer eigenen Münze bezahlten?... Was der Chinese in Australien und Californien zu leisten vermag, kann er auch in Europa leisten, wenn er nur gewillt ist, soweit zu kommen... Entschliesst sich der Chinese einmal, das blumige Land zu verlassen, so hindert ihn nichts, London fast eben so schnell zu erreichen als San Francisco.

Schaaren von Männern, für deren Vorfahren die Grenzen Chinas die Grenzen der Welt waren, haben sich aufgemacht, um über den ganzen Erdboden zu wandern. Sie kommen nicht mit Waffen in der Hand, sondern nur mit Werkzeug und Geschick ausgerüstet und kämpfen keinen andern Kampf als den der friedlichen Arbeit. Schon jetzt ist vorauszusehen, dass diese Wanderung eine der grössten und bedeutendsten werden wird, welche die Welt je erlebt hat.

In einem Augenblick, wo der Verkehr stockt, die Arbeiter hier hungern, dort sich empören, überall murren, ist es wunderbar, an die unbenutzten, lange aufgestauten Quellen des Gewerbfleisses zu denken, die jetzt anfangen überzufliessen. Die billige Arbeit der Chinesen ist bereits der Popanz und vielleicht der gerechte Schrecken Californiens.. Japanische Industrie und Kunst könnten leicht als Nebenbuhler der unsrigen auftreten. Die Japaner sind die besten Tischler der Welt, unübertroffen in der Bearbeitung des Papiers .. in vielen leichteren Kunstgewerben würden sie bald über ihre ungeschickteren europäischen Nebenbuhler den Sieg davontragen. (Times 11. Jan. 78.)

Die ganze innere Einrichtung des gegenwärtig am Clyde im Bau begriffenen Dampfers „Gallia" von der Cunard-Linie soll in Japan angefertigt werden. (Times 5. Jan. 78.) Ein Brief an die Times vom 15. Januar bespricht die Zweckmässigkeit, japanische Arbeiter in England einzuführen, spendet ihrem Geschick und gutem Betragen, ihrem Fleiss und ihrer Sauberkeit das höchste Lob. Der Schreiber erwartet von einer solchen Maassregel das Abnehmen der Arbeiter-strikes — — „wenn es die Arbeiter nicht zur Verzweiflung treibt", bemerkt der Redaktör. (Times Febr. 1878.)

Während die nördlichen Provinzen Chinas von einer furchtbaren Hungersnoth heimgesucht werden*), einer Geissel, die mehr als jede andere eine dichte Bevölkerung zum Auswandern treibt, sinnt Californien auf Maassregeln, um seine Häfen gegen die steigende Flut der chinesischen Einwanderung zu verschliessen.. Wenn schon Tausende von Chinesen den Weg aus den verhältnissmässig wohlhabenden östlichen Provinzen nach Amerika gefunden haben, .. so werden sie sich in Myriaden aus den von der Hungersnoth getroffenen westlichen Gebieten ergiessen, sobald der Weg offen ist... Vor 30 Jahren hat die Kartoffelnoth Hunderttausende von Irländern nach Amerika getrieben.. Nicht nur die Californier, deren Interessen unmittelbar betroffen werden, auch die amerikanischen Staatsmänner erfüllt die sogenannte Chinesen-Frage mit ernsten Sorgen, gar bald kann sie für die Zukunft der Vereinigten Staaten drohender werden als die Negerfrage jemals zur schlimmsten Zeit. Denn die Neger-Einwanderung geschah nie freiwillig und versiegte mit Abschaffung der Sklaverei. Beginnt aber einmal die Flut der Chinesen mit Macht zu strömen, so ist schwer abzusehen, wann und wo sie enden wird.
(Times 19. Febr. 1878.)

---

*) In den Provinzen Chih-li, Ho-nan, Shan-si und Shen-si lebt eine Bevölkerung von etwa 75 Millionen Menschen in furchtbarer Noth. In Shan-si ist seit 3 Jahren kein Regen gefallen, Berieselung ist nicht vorhanden, Transport nur auf Lastthieren möglich. Im Süden der Provinz ist alle Rinde von den Bäumen, alles wilde Kraut, alles irgend Essbare verzehrt worden. Die Menschen verschlingen Erde. Männer verkaufen ihre Frauen, Eltern ihre Kinder. — — — T. F. Wade, Brief an die Times 25. Jan. 78.

Am 29. Novbr. 1877 fand in San Francisco eine Demonstration gegen die Chinesen statt, an der 10,000 Menschen theilnahmen. Man fürchtete das Schlimmste, es kam indessen nicht zu Gewaltthätigkeiten, da Uneinigkeit in den Reihen der Unzufriedenen herrschte und die Besitzenden, deren San Francisco 40,000 zählt, aus heilsamer Furcht vor den kommunistischen Grundsätzen der Rädelsführer ausreichende Vorsichtsmaasregeln getroffen hatten . . . Aber in den Arbeiterversammlungen wird der Vernichtungskrieg mit Pulver und Blei gegen die Diebe (die Kapitalisten) und die Chinesen offen gepredigt.   (Times, 11. Jan. 1878.)

San Francisco, 25. Jan. 78. Seit fünf Monaten wird die Stadt in Aufregung und Bestürzung erhalten durch das Zusammenströmen von Massen unzufriedener Arbeiter, die öffentlich ihre Absicht verkünden, die Sache des Staates und der Stadt umzuwälzen. Gewalt, selbst Mord wird jeden Abend einzelnen hervorragenden Bürgern angedroht. . . Die Rädelsführer, für deren Bestrafung das Gesetz sich unzulänglich erwies, werden immer kühner. Einer derselben, der Fuhrmann Kearny, erklärte in einer Versammlung, dass 40,000 Arbeiter bei Ankunft des nächsten Dampfers aus China nach den Werften der Pacific-Post-Dampfer-Gesellschaft marschiren würden, um das Landen der „mondäugigen Aussätzigen" zu verhindern, wenn sie auch das Schiff in die Luft sprengen müssten . . . Die Befürchtungen der Bürger stiegen auf das Höchste . . . Die Zivil- und Militär-Behörden zeigten aber, dass sie den Ernst der Lage vollkommen begriffen und entschlossen waren, durch alle verfügbaren Mittel den kommunistischen Geist auszurotten und diejenigen zu strafen, welche das Gesetz und seine Diener offen verhöhnen. . .

Die Anführer mässigen sich jetzt etwas mehr in ihren Reden und richten ihre Anstrengungen besonders auf Beherrschung der Wahlen. Es gelang ihnen einen der ihrigen, Herrn Bones, als Staats-Senator durchzusetzen, Herr Bones hat recht kommunistische Ansichten — einer seiner Grundsätze lautet: Niemand darf mehr als 10,000 Dollar in Gütern oder sonst wie besitzen, der Ueberschuss soll ihm genommen und unter die Armen vertheilt werden.

Den Hauptgrund der Beschwerde bildet die chinesische Einwanderung. Die Chinesen verdrängen den armen weissen Arbeiter aus vielen Quellen der Beschäftigung und verhindern die aufwachsende Jugend Handwerke zu erlernen. Die Partei verlangt nichts geringeres als die Austreibung dieser Chinesen aus dem Staat und das Verhindern weiterer Einwanderung. Gleicher Hass und gleiche Rache treffen die Kapitalisten, die grossen Einfluss im Staate haben; besonders aber die Verwaltung der grossen Pacific-Bahn, die viele Chinesen bei ihren Eisenbahnbauten verwendet hat, und die Pacific-Dampfer-Gesellschaft, deren Schiffe die verabscheute Rasse an jene Gestade bringen.

Times, 19. Febr. 1878.

Die Augsb. Allg. Zeitung berichtet aus San Francisco, 20. Januar: der Pöbel besteht aus dem Auswurf der Einwanderer, namentlich aus den englischen Straf-Kolonien und den Gefängnissen des Ostens und Irlands... Man hatte Schritte gethan, um den Unbeschäftigten täglich einen Dollar zu sichern; dies schien jenem Pöbel zu wenig, er verlangte 2 Dollar täglich für Nichtsthun ...

Buchdruckerei von Gustav Schade (Otto Francke) in Berlin, N.

Verlagsbuchhandlung von Julius Springer in Berlin N.,
Monbijouplatz 3.

Singapore—Malacca—Java.

Reiseskizzen

von

F. Jagor.

Mit 24 Federzeichnungen.

Ausgabe in geschmackvollem Umschlage 4 M. 60 Pf.

Ausgabe in Englischem Cattunband 6 M.

Aus und über Amerika.

Thatsachen und Erlebnisse

von

Friedrich Kapp.

2 Bände.

Elegante Ausstattung. — Preis 15 Mark.

Weltpost und Luftschifffahrt.

Ein Vortrag

im wissenschaftlichen Verein zu Berlin gehalten

von

Dr. Stephan,

General-Postmeister.

Preis 1 Mark 60 Pf.

=== Zu beziehen durch jede Buchhandlung. ===

Verlagsbuchhandlung von Julius Springer in Berlin N.,
Monbijouplatz 3.

Friedrich List,

Deutschlands grosser Volkswirth.

Betrachtungen

über die

heimischen und auswärtigen Erwerbsverhältnisse

von

Friedrich Goldschmidt.

Zweite Auflage.

Preis 2 M.

Die

Weltausstellung in Philadelphia

und die

Deutsche Industrie.

. Drei Vorträge

von

Friedrich Goldschmidt.

Preis 1 M. 20 Pf.

Schutzzoll und Freihandel.

Von

Dr. Julius Lehr,

Professor am Polytechnikum zu Carlsruhe.

Preis 3 M. 60 Pf.

═══ Zu beziehen durch jede Buchhandlung. ═══